# ALLOCUTIONS

*Prononcées le Samedi 16 Mars 1889*

AUX OBSÉQUES DE

# M. E. DE NAYVILLE

**Docteur en Médecine**

MEDECIN EN CHEF

*De l'Hospice de Gournay-en-Bray*

MEDECIN

*De la Compagnie des Chemins de Fer de l'Ouest*

**DÉCÉDÉ LE 13 MARS 1889**

## M. le Docteur de Nayville.

La ville de Gournay vient d'être douloureu-
sement impressionnée par la mort de M. de
Nayville, arrivée subitement dans la soirée du
13 mars.

C'est au cours d'une visite qu'il faisait à
M. l'abbé Duchemin, curé de Ferrières, qu'il
a été pris d'une syncope ; ramené aussitôt à
Gournay, il n'a pas repris connaissance et la
funeste nouvelle s'est aussitôt répandue.

Les regrets sont unanimes. La ville perd en
lui un de ses plus utiles et de ses meilleurs
citoyens.

Louis-Edouard de Nayville était né à Gisors,
d'une famille très ancienne et très honorable
du Vexin, le 1er janvier 1824. Après de très
bonnes études au collège de Versailles, il se
destina à la médecine, science pour laquelle il
avait une véritable vocation.

Elève de la Faculté de Paris, il se fit remarquer par son zèle et son assiduité. L'aménité de son caractère lui valut l'amitié de ses camarades et de ses chefs de service et en particulier du docteur Nathalis Guillot pour lequel il a toujours conservé un souvenir vénéré.

Reçu docteur en 1855, il vint s'établir à Gournay où il n'a cessé depuis de pratiquer.

Conseiller municipal de cette ville depuis 1871, il était médecin en chef de l'hospice et du bureau de bienfaisance depuis 1877, après la mort de M. le docteur Dubuc.

Les obsèques de M. le docteur de Nayville ont eu lieu le samedi 16 mars à Saint-Hildevert. La nef de la vaste église était remplie.

Au départ de la maison mortuaire, les cordons du poële ont été tenus par MM. Gervais, conseiller général ; Queneuil, premier adjoint, administrateur de l'hospice ; Delestre, deuxième adjoint ; Lesueur, médecin ; Mille et de Stabenrath, conseiller municipal et ami du défunt.

En se rendant au cimetière, cet office a été rempli par MM. Queneuil ; le docteur Cavé, médecin à Forges ; le docteur Marquézy, médecin à Neufchâtel ; Corneille, ancien percepteur ; Mauduit, avocat à Neufchâtel, et de Stabenrath.

Une foule considérable qu'on peut évaluer à six cents personnes, l'a accompagné à sa dernière demeure.

Ce n'était pas la banalité d'un cortège officiel ; une affliction vraie et profonde se lisait sur le visage des assistants. On peut dire que chacun perdait un ami.

Le pensionnat de M. Bouffet et les enfants de l'hospice marchaient en tête ; puis venaient tous les prêtres du canton.

Le deuil était conduit par MM. les docteurs Bouchard et Pasquet, gendres de M. de Nayville, et par son fils Paul de Nayville ; puis les autres membres de la famille.

Venaient ensuite le Conseil municipal de Gournay, au complet, la Commission administrative de l'hospice, les membres du Bureau de Bienfaisance ;

MM. Jules Gervais, conseiller général ; Ménard-Guian, conseiller d'arrondissement ; Darmure, juge de paix ; Guédot, président du Tribunal de Commerce ; Brasseur, conducteur des ponts et chaussées ; François, agent-voyer ;

Dupré, greffier du Tribunal de Commerce ;
Beudon, greffier de la justice de paix ; Eparvier,
receveur de l'enregistrement ; Bollinger et
Caron, percepteurs ; Prudhomme, receveur
municipal ; Dupré, maréchal des logis de
gendarmerie ; Madame Caillole, directrice de
l'école communale des filles, etc., etc.

Il est impossible de citer toutes les notabi-
lités venues de partout. Nous avons cependant
remarqué, MM. Charles et Paul Gervais ;
Govin, médecin à la Feuillie ; l'abbé Mauger,
curé de Fresnoy-Folny, ancien vicaire de
Gournay ; E. Courty, adjoint au maire de
Ferrières, etc., etc.

Au cimetière, plusieurs discours ont été
prononcés.

M. Jules Gervais, conseiller général du
canton de Gournay, a pris la parole en ces
termes :

MESSIEURS,

Un certain nombre d'amis de M. de Nayville
sachant quelles affectueuses et excellentes
relations l'unissaient à notre famille, m'ont
prié de lui adresser, en leur nom, un dernier
adieu.

Je ne pouvais hésiter à déférer à ce désir.

Ce n'est pas à vous, Messieurs, au milieu desquels le docteur de Nayville a passé sa vie, que j'ai besoin de rappeler ce qu'il était.

On vous dira tout à l'heure quels services il a rendus, comme conseiller municipal, à la ville de Gournay, sa ville d'adoption, à laquelle il était si profondément dévoué.

Je veux vous parler de l'homme privé.

Après de brillantes études médicales à Paris, reçu docteur, M. de Nayville est venu s'établir à Gournay, il y a trente-cinq ans.

Très instruit et très consciencieux, il ne tarda pas à inspirer confiance à nos concitoyens.

Pendant trente-cinq ans, il a exercé la profession de médecin, profession honorable entre toutes, mais particulièrement rude et pénible dans nos campagnes.

Avec quel dévouement et quel désintéressement ! Vous le savez tous, Messieurs, qui avez tenu à l'accompagner jusqu'à sa dernière demeure.

Jamais on n'a fait en vain appel à ses lumières.

Pauvres et riches, il soignait tous avec le

dévouement le plus complet et le plus absolu.

Que de fois ne s'est-il pas contenté de prodiguer ses soins, mais a-t-il tenu aussi à soulager de sa bourse les malheureux dont sa profession lui permettait, plus qu'à tout autre, de voir et d'apprécier les misères.

Nul mieux que lui ne savait pratiquer la charité comme elle doit être pratiquée, discrètement et sans obstentation.

Aussi, nombreux, sont aujourd'hui ceux qui s'associent à la douleur de sa famille si cruellement éprouvée.

Médecin de l'hospice depuis trente ans, il n'a jamais épargné pour les malades et les vieillards de notre établissement hospitalier, ni son temps, ni ses fatigues.

Les employés de la Compagnie du chemin de fer de l'Ouest qui savent, eux aussi, combien il était bon et avec quel zèle il s'acquittait envers eux de ses obligations professionnelles, ont tenu à venir lui apporter jusqu'ici le témoignage de leur profonde reconnaissance.

Il y a quelques semaines à peine, l'administration, sur la demande unanime des membres de la Commission d'hygiène, l'appelait à faire partie de cette Commission.

Je m'étais fait un devoir d'appuyer leur demande, bien convaincu que, là, comme ailleurs, M. de Nayville apporterait un concours utile et précieux.

La mort aveugle ne lui a pas permis de siéger longtemps; il a succombé en accomplissant son devoir, en prodiguant ses soins à un malade.

Puissent les regrets si vifs et si nombreux qui l'escortent jusqu'ici, adoucir la douleur de sa famille à laquelle j'adresse en votre nom, l'hommage de notre douloureuse sympathie.

Nous n'oublierons pas M. de Nayville, et nous conserverons pieusement le souvenir du bon citoyen, du médecin désintéressé, de celui qui fut, dans toute l'acception du terme, un honnête homme, un homme de bien.

Après ces paroles, M. le docteur Cavé, médecin à Forges-les-Eaux, au nom de l'Association des médecins de la Seine-Inférieure, a prononcé le discours suivant :

Messieurs,

Je viens, au nom de l'Association des Médecins de la Seine-Inférieure, rendre un suprême hommage à la mémoire du regretté confrère dont nous déplorons aujourd'hui la perte. Ce n'est pas sans une douloureuse émotion que je remplis cette mission, que j'aurais confiée à une voix plus autorisée que la mienne, mais que les liens de l'amitié me font un devoir d'accepter.

Après de brillantes études littéraires au collège de Versailles, de Nayville dont la vocation médicale s'était révélée depuis quelques années déjà, alla suivre les cours de l'Ecole de médecine de Paris, où l'externat vint bientôt couronner ses efforts.

Au cours même de ses études, il manifesta ce dévouement dont il devait donner tant de preuves dans la suite, quittant son pays natal, lors des journées de juin 1848, pour porter secours aux blessés, et l'année suivante prodiguant ses soins aux cholériques ; ce qui lui valut comme récompense d'être dispensé des droits d'inscriptions et d'examen.

Enfin, le diplôme de Docteur lui fut décerné

le 10 janvier 1855, après qu'il eut soutenu une thèse justement appréciée sur les maladies des enfants.

Il arriva à Gournay en février 1855, où il succéda à M. Colson.

Ses qualités tant comme médecin que comme homme privé lui attirèrent bientôt une nombreuse clientèle. Aimant à l'excès sa profession, toujours sur la brèche, il ne se ménageait en aucune circonstance; au chevet du riche comme du pauvre, il prodiguait ses soins avec un égal dévouement, et tous ceux qui sont ici savent que ce n'est pas de ma part un banal éloge.

Cœur bon, loyal et dévoué, il ne comptait que des amis parmi ses confrères. Ses relations étaient sûres; aussi tous ceux qui ont eu l'occasion de faire appel à son concours peuvent attester et son savoir et sa parfaite honnêteté dans les rapports qu'ils eurent avec lui.

Dès l'origine de notre Association, il s'y fit inscrire des premiers. Elu peu de temps après membre de la commission administrative, il apporta dans nos discussions l'appui de ses judicieuses appréciations, lorsque les exigences de sa profession ne l'empêchaient pas d'y prendre part. C'était le poëte de l'Association, et bien souvent, à la fin du banquet qui termine nos réunions annuelles, il se faisait un plaisir de nous être agréable en récitant quelques-unes de ses fines et délicates pièces de vers.

En dehors de sa clientèle, il trouvait encore d'autres champs pour exercer son activité :

Il fut médecin du parquet pendant trente ans;

Membre du Conseil d'hygiène;

Médecin de la Salle d'asile;

Médecin du Chemin de fer;

Médecin en chef de l'Hospice;

Médecin du Bureau de bienfaisance.

Il resta jusqu'au bout fidèle à la belle devise qu'il s'était tracée.

Toujours prêt, en tout temps, en tout lieu, a toute heure et pour tous.

Et c'est au chevet même d'un de ses malades, que la mort est venue le surprendre et le ravir inopinément à l'affection des siens.

La grande joie de ses dernières années fut d'avoir vu deux de ses enfants qu'il adorait unir leur sort à deux de nos sympathiques confrères qui marchent dignement sur les traces de notre regretté de Nayville.

Comment consoler une famille si brusquement frappée dans ses plus chères affections ?

Quel soulagement apporter à la perte d'un époux et d'un père tendrement aimé !!!

Puisse l'expression de la douloureuse sympathie et des sincères regrets du corps médical diminuer l'amertume d'un chagrin aussi cruel !

De Nayville, tu laisses aux tiens un nom honoré et une mémoire sans tache.

Au revoir !

A M. Cavé, a succédé M. de Stabenrath, conseiller municipal à Gournay et ami du défunt.

MESSIEURS,

J'ai eu l'honneur d'être l'ami de M. de Nayville et son collègue au Conseil municipal ; c'est à ce double titre que je vais vous parler de lui.

Depuis 18 ans, je le connaissais et j'avais pour lui une affection profonde.

Comment en aurait-il été autrement? il avait ce qui attire et ce qui retient, la bonté, le dévouement.

L'égalité de son caractère a fait l'égalité de
sa vie; consciencieux dans les soins qu'il don-
nait à tous, nous ne l'avons jamais vu se
plaindre ni du dérangement, ni de la fatigue.
Il accomplissait son devoir professionnel, sim-
plement, naturellement.

Il aimait son état; il s'y perfectionnait par
la pratique et par l'étude. C'était un travailleur,
et malgré les courses nombreuses et le labeur
de la profession médicale dans notre pays, il
trouvait le moyen de se maintenir au courant
de la science et des progrès de notre temps.

Il était fort instruit, ses goûts le portaient à
suivre le mouvement littéraire, il écrivait lui-
même fort bien, faisait des vers agréables; en
un mot, son esprit était orné, sa conversation
attachante.

Mais, nul pédantisme, nul orgueil : simple
et bon, voilà l'homme.

Son esprit actif et intelligent le portait à
s'intéresser à tout ce qui se faisait dans notre
ville. Vous l'avez tous vu au Conseil municipal,
comme dans les diverses fonctions médicales
qu'il remplissait, se donner avec une véritable
passion à l'étude de toutes les questions.

Jamais indifférent, cherchant le bien, et dans le médecin dévoué vous trouviez en même temps le bon citoyen.

Dans toutes les discussions, vous avez toujours remarqué en lui l'aménité, la bienveillance... et, cependant, il ne partageait pas les opinions du jour; il était resté fidèle à sa foi religieuse et à ses convictions politiques.

M. de Nayville était profondément chrétien, sa religion était éclairée mais elle dominait sa vie; il lui a dû une existence aussi heureuse qu'il pouvait le désirer.

Je suis convaincu que le sentiment religieux qu'il possédait l'aidait singulièrement dans l'accomplissement des devoirs pénibles du médecin. La vue de la souffrance humaine élevait son cœur vers Dieu.

Une famille unie l'entourait : regardant cette profession médicale qu'il avait si bien comprise comme une des plus belles, il avait marié ses deux filles aînées à deux médecins ; il désirait voir son jeune fils suivre ses traces.

Cette famille l'adorait. Heureux au milieu des siens, aimé de tous, il disparaît en laissant à ses concitoyens le souvenir impérissable de sa bonté et à sa famille un héritage d'honneur et de considération.

Adieu M. de Nayville, nous ne vous oublierons jamais !

M. Corneille, ancien percepteur et ami de M. de Nayville, vient ajouter quelques mots :

MESSIEURS,

C'est pour moi un devoir d'adresser un adieu plein de reconnaissance au vieil ami de ma famille, à celui qui prit sa part de nos joies et de nos chagrins.

Cette gratitude, les personnes soignées par lui la comprennent ; elle vibre dans tous les cœurs, car M. de Nayville a été par dessus tout l'ami de ses malades.

« La médecine, suivant un mot célèbre, guérit parfois, soulage généralement et console toujours. » Notre cher docteur apporta des soulagements bien précieux à ceux qui souffraient. Il fut par excellence le médecin consolateur.

Qui de nous ne voit encore à son chevet ses longs cheveux blancs, ces yeux si doux, cette bouche souriante. Sa tête de brave homme inspirait l'idée du calme réparateur. A son aspect, l'âme se dilatait, le sang se réchauffait, l'espérance avait germé au sein des douleurs. Quelques mots paternels, touchant toujours au bon endroit, et le moral abattu se reprenait.

Honneur donc et reconnaissance à celui qui, parlant avec son cœur, sut trouver le chemin du cœur.

Ce sera notre dernier adieu à l'excellent ami que nous pleurons.

Puisse ce suprême témoignage de gratitude être une atténuation à l'affreux chagrin de sa courageuse épouse, de ses enfants si aimants et si tendrement aimés !

Enfin, M. Delestre, adjoint, a parlé au nom de l'Administration municipale :

MESSIEURS,

Je viens, au nom de l'Administration municipale, dire le dernier et suprême adieu, à notre collègue aimé et vénéré.

La ville de Gournay tout entière est en deuil ; elle lui témoigne sa grande sympathie et ses regrets, par la foule compacte qui l'accompagne à sa dernière demeure.

L'éloge pompeux qui vient d'être fait n'est que l'hommage qui lui est dû.

Savant, bon, serviable, il a répandu à pro-
fusion et avec la plus grande modestie, non
seulement les dons que la nature lui avait
prodigués, mais encore des secours aux malheureux affligés.

Aussi est-il de ceux privilégiés dont le nom
restera gravé dans la mémoire des habitants
de Gournay, comme celui d'un homme de bien.

Adieu, cher M. de Nayville, nous souhaitons
que de là haut, vous contempliez cette nombreuse assistance sur la figure de laquelle est
peinte la douleur qu'elle ressent de votre
perte.

Puisse cette manifestation, atténuer dans la
mesure du possible, l'immense chagrin qu'é-
prouve votre famille.

Encore une fois, adieu !

Après ces discours écoutés avec émotion par
la nombreuse assistance, tous se sont retirés
pleins de tristesse, emportant le souvenir du
médecin dévoué et de l'homme bienfaisant
dont la fin prématurée produit un si grand
vide dans notre ville.